Contenido

¿De qué manera otras personas pueden inspirarnos y ayudarnos a cambiar?

Escondida

Fragmento de *El diario de Ana Frank: una obra de teatro*

Frances Goodrich y Albert Hackett

"A pesar de todo, sigo creyendo que hay bondad en el fondo del corazón las personas"
—ANA FRANK, *DIARIO DE UNA NIÑA*

Ana Frank (1929–1945) era una niña judía que vivía en Alemania cuando el partido nazi de Adolf Hitler llegó al poder en 1933. Bajo el régimen autoritario de Hitler, los judíos eran objeto de discriminación y, después de un tiempo, persecución. Como resultado, Ana Frank y su familia emigraron a Holanda, donde podían estar a salvo. Sin embargo, durante la Segunda Guerra Mundial, Alemania invadió Holanda. En julio de 1942 la familia de Ana se escondió en un "espacio secreto" de un viejo edificio de oficinas donde había trabajado su padre, Otto Frank. Durante dos años la familia vivió aislada del mundo exterior junto con otro hombre judío y una familia de tres personas. En su diario, Ana Frank registró sus pensamientos, sentimientos y emociones durante ese tiempo. En 1944 un informante traicionó a la familia Frank y a los demás, y la Gestapo, la policía secreta alemana, los descubrió. Fueron enviados a campos de concentración donde Ana, su hermana Margot y su madre murieron. El padre de Ana sobrevivió. Más tarde encontró el diario de Ana y decidió publicarlo en honor a su fuerza y su vida, que acabó trágicamente antes de tiempo.

En este fragmento del acto 1, escena 2 de la adaptación al teatro de los diarios de Ana Frank, oímos la voz de Ana recitando un monólogo. "Miep" y el "Sr. Kraler" son dos de los socios de Otto Frank que ayudaron a esconder y proteger a la familia Frank y los demás.

VOZ DE ANA: Supongo que debería describir cómo se siente vivir escondida. (*Ana en un círculo de luz*). Pero la verdad es que aún no lo sé. (*La luz se desvanece. La voz de Ana cobra fuerza*). Solo sé que es raro no poder salir nunca… no respirar nunca aire fresco… nunca correr, gritar ni saltar. Lo que más me asusta es el silencio en la noche. Cada vez que oigo un crujido en la casa o un paso en la calle, estoy segura de que vienen a buscarnos. Los días no están tan mal. Por lo menos sabemos que Miep y el Sr. Kraler están ahí abajo en la oficina. Los llamamos nuestros "protectores". Le pregunté a papá qué les pasaría a ellos si los nazis supieran que nos están ocultando. Pim dijo que correrían la misma suerte fatal que nosotros… ¡Imagínalo! Ellos lo saben, pero cuando suben aquí están contentos y simpáticos como si nada en el mundo los molestase… Viernes, veintiuno de agosto de mil novecientos cuarenta y dos. (*Las luces se encienden lentamente. La voz se desvanece lentamente*). Hoy les contaré noticias generales. (*Las luces bajan*). ¡Mi madre es insoportable! Insiste en tratarme como un bebé y lo odio. (*Las voz se desvanece. Luces a tres cuartos de potencia y subiendo*). Por lo demás, todo va mejor. El tiempo está...

Foto del interior del pasaje secreto que conducía al cuarto oculto (en la casa de Ámsterdam), donde Ana Frank y su familia se escondieron durante la II Guerra Mundial.

El desafío de Jasón

Fragmento de *El vellocino de oro y los héroes que vivieron antes que Aquiles*

Padraic Colum

Jasón es un personaje de la mitología griega, hijo de Esón, el rey legítimo de Yolco, destronado por su hermano, Pelias, cuando Jasón era un niño. Temiendo que el rey Pelias asesinara a su hijo, la madre de Jasón lo envió al monte Pelión, donde fue criado y educado por el centauro Quirón. Una vez alcanzada la edad adulta, vuelve a Yolco a reclamar el trono que le pertenece por derecho. Por el camino ayuda a una anciana (la diosa Hera) a cruzar un río, perdiendo allí una de sus sandalias. Cuando el rey Pelias lo ve aproximarse a Yolco, se llena de preocupación. Un oráculo le ha advertido: "Ten cuidado con el extranjero que use una sola sandalia".

Este capítulo mitológico corresponde a cuando el rey Pelias ofrece un banquete en honor a Jasón. El padre de este último asiste al banquete y observa afligido cómo Pelias manipula a Jasón para que inicie un peligroso viaje.

1   En cuanto acabaron de comer, el rey Pelias hizo un gesto y un copero se presentó frente a él con una copa ricamente decorada. El rey la tomó en sus manos. Se puso de pie, elevándola, y todos en el salón esperaron en silencio. Pelias entregó la copa a Jasón y declamó con una voz tan fuerte que se escuchó por todo el recinto:

2   —¡Toma de esta copa, oh, mi sobrino Jasón! ¡Toma de esta copa, oh, tú, que pronto gobernarás sobre el reino que Creteo fundó!

3   Todos en el salón se pusieron de pie y clamaron con alegría ante este discurso. Pero Jasón vio que el rey no estaba tan contento por esa alegría… Miró al recinto y vio rostros amigables. Se sintió como un rey, seguro y triunfante. Entonces escuchó al rey Pelias hablando nuevamente:

4   —Este es mi sobrino Jasón, recibido y albergado en la cueva del centauro. Os contará de su vida en el bosque y las montañas, una vida similar a la vida de los semidioses.

5   Luego Jasón les habló y les contó de su vida en la montaña Pelión. Cuando hubo terminado, Pelias dijo:

6   —El Oráculo me advirtió de que me cuidara del hombre que viniera hacia mí calzado de un solo pie. Pero, como pueden ver, he traído a ese hombre a mi palacio e incluso a mi salón de banquetes. Tan poco temo la ira de los dioses. Y tan poco la temo porque estoy libre de toda culpa. Este joven, el hijo de mi hermano, es fuerte y valiente y me regocijo en su fuerza y valentía, ya que deseo que tome mi lugar como vuestro rey. ¡Ah, si yo fuera tan joven como él lo es ahora! ¡Si yo hubiera sido acogido por el sabio centauro y hubiera sido criado bajo la mirada de los inmortales, como él lo fuera! ¡Entonces haría aquello que en mi juventud tanto he soñado! ¡Llevaría a cabo una proeza que hiciera famoso mi nombre y el de mi ciudad por toda Grecia! ¡Traería desde la lejana Cólquida el famoso vellocino de oro que guarda el rey Eetes!

7   Terminó de hablar y todos en el recinto gritaron:

8   —¡El vellocino de oro, el vellocino de oro de la Cólquida!

9   Jasón se puso de pie y la mano de su padre apretó su brazo. Pero él no prestó atención a la advertencia de este, ya que la frase "¡el vellocino de oro, el vellocino de oro de la Cólquida!" resonaba en sus oídos, y frente a sus ojos estaban los rostros de aquellos que ansiaban la visión de la maravilla que guardaba el rey Eetes.

10   Entonces Jasón dijo:

11   —¡Has hablado bien, oh, rey Pelias! Sabed vosotros, todos los aquí reunidos, que he oído hablar del vellocino y de los peligros que aguardan a cualquiera que intente quitárselo al rey Eetes. Pero sabed también que lucharé por obtener este tesoro y traerlo hasta Yolco para conseguir así fama tanto para mí como para la ciudad.

12   Cuando hubo hablado, vio los ojos afligidos de su padre, que lo miraban fijamente. Pero desvió la mirada de ellos a los ojos brillantes de los jóvenes que se agolpaban a su alrededor.

13   —¡Jasón, Jasón! —gritaban—. ¡El vellocino de oro para Yolco!

14   —El rey Pelias sabe que obtenerlo es una proeza extremadamente difícil —dijo Jasón—, pero si me construye una nave que pueda realizar el viaje a la lejana Cólquida, y si hace correr la noticia de mis aventuras por toda Grecia, para que todo aquel que quiera ganar fama pueda venir conmigo y, si vosotros, jóvenes héroes de Yolco, os sumáis, arriesgaré mi vida para obtener la maravilla que guarda el rey Eetes.

15   Así habló y todos en el salón festejaron e hicieron un gran clamor a su alrededor. Pero los ojos de su padre lo seguían con aflicción en su mirada.

Biografía

La Ratona Blanca

1   Pese a que Nancy Wake era conocida como la Ratona Blanca, era todo menos eso. Nació en 1912 y creció en Australia. Trabajaba como enfermera, pero después de recibir una pequeña herencia, dejó Australia. Con el tiempo terminó en París, donde trabajó como reportera. Cuando no estaba escribiendo historias para el periódico, llevaba la vida de una joven divertida a la que le gustaba ir a fiestas y bailes. Se casó con Henri Fiocca, un rico hombre de negocios francés, y fijaron su residencia en Marsella, Francia.

2   Posteriormente, en los años treinta, Wake visitó Alemania. Lo que vio y oyó ahí cambió su vida. Le horrorizó el ascenso al poder de los nazis y el inhumano trato que Adolf Hitler daba a los judíos. Cuando los alemanes invadieron Francia en 1940, Wake y su marido se unieron a la Resistencia Francesa y juntos ayudaron a miles de refugiados judíos y a soldados aliados a huir hacia España. La Gestapo puso a Wake el apodo de "Ratona Blanca" debido a su habilidad para evitar ser capturada, y la colocó en el primer lugar de su lista de más buscados.

3   En 1943, mientras los alemanes asediaban Francia, Wake logró escapar hacia España. Sin embargo, su marido se quedó en Francia y fue arrestado por los nazis, quienes lo ejecutaron cuando se negó a dar información sobre su esposa.

4   Nancy Wake nunca se dio por vencida en su lucha contra el fascismo. Viajó de España a Inglaterra, donde recibió entrenamiento para convertirse en espía británica. Luego descendió en paracaídas en Francia para llevar armas a los miembros de la Resistencia y se escondió en las montañas. También encabezó bandas con miembros de la Resistencia para atacar al enemigo.

5   Después de la Guerra, Nancy Wake recibió premios y condecoraciones. Contó su extraordinaria historia a través de una autobiografía titulada *La Ratona Blanca*. Murió en 2011 en Londres a la edad de 98 años.

DesarrollaPiensaEscribe

Ampliar los conocimientos

¿De qué diferente manera respondes sobre un personaje basado en un personaje histórico ("Escondida") respecto a un personaje basado en un mito ("El desafío de Jasón")? Anota tus ideas en la tabla.

Histórico	Mítico

Piensa

¿De qué manera otras personas pueden inspirarnos y ayudarnos a cambiar?

Basándote en los textos de esta semana, anota las ideas y preguntas nuevas que tengas acerca de la pregunta esencial.

_____

_____

_____

_____

_____

_____

Escribir basándote en las fuentes

Narrativa

Escribe un monólogo desde el punto de vista de Jasón o desde el punto de vista de su padre. Describe su reacción al banquete de su padre. Utiliza detalles de "El desafío de Jasón" para ayudarte en la redacción de tu monólogo.

Recuerda hacer tus anotaciones mientras lees.

El mayor tesoro

Leyenda de Mongolia

Adaptación de Susana Tejedor

1   En la gran Estepa de Mongolia, sobre campos verdes y algodonados que se extienden hasta el infinito, pastaban los caballos, las ovejas y los camellos del viejo Nasan. Su nombre significaba "larga vida" y también era cierto que llevaba a sus espaldas casi cien años, un siglo. Ya no podía subir a la grupa de su caballo de un salto, pero aún atravesaba al galope los valles y nada le impedía, día tras día, cumplir con sus tareas y cuidar de sus animales.

2   Desde la primavera hasta el verano, cuando los pastos frescos despertaban los sentidos con colores vivos y aromas intensos, Nasan habitaba en una tienda, disfrutaba de la calma del lugar y cocinaba al fuego de una hoguera. También, cada dos horas, ordeñaba a las yeguas para

elaborar *aarul*. Lo hacía poniendo parte de esa leche al sol en cajas de madera sobre el techo de la tienda y así la leche se fermentaba. Era un alimento exquisito parecido al queso. Para beber, tomaba *airag*, que también hacía con leche.

3   Nasan asistía todas las mañanas a su cita más importante, contemplar el bello espectáculo del amanecer, delicado y emocionante. Cuando el sol se desplegaba sobre la estepa en un abanico de naranjas y rosas, Nasan sonreía con la certeza de que aquella visión era lo que alimentaba su alma y su vitalidad.

4   Uno de esos amaneceres, después de saludar el nuevo día, se vistió con orden y entusiasmo. Llevaba su *del*, una casaca larga anudada en la cintura, sus anchos pantalones, su gorro y sus botas de punta. Para resistir la jornada, en la que saldría en busca de sus rebaños, llenó una bota con la bebida de leche y guardó *aarul*, la leche fermentada, en un paño.

5   Mientras Nasan cabalgaba, quedó muy sorprendido al encontrar en aquellos parajes solitarios a un chico de doce años sentado sobre una roca, muy quieto y cabizbajo. Le conmovió su soledad y se detuvo a preguntarle:

6   —¿Qué te ocurre muchacho?

7   —¿Que qué me ocurre? ¡Todo me ocurre! ¡Mi vida es una desgracia! —se lamentó el chico—. ¡Hubiera sido mejor que no hubiese nacido!

8   Nasan bajó del caballo impresionado por sus palabras.

9   —No digas eso, muchacho. Mejor cuéntame lo que te pasa. Dicen que las penas compartidas dejan de ser penas —le dijo con cariño— ¿Cómo te llamas?

10   —Me llamo Bat —contestó el chico.

11   —Bat significa "firme" en mongol, pero la verdad es que no pareces muy firme —le contestó, lo que hizo que el muchacho lo mirase asombrado.

12   —¿Qué más dará lo que signifique? Lo importante es lo que me ha pasado. Entonces entenderías cómo me siento —comentó Bat, muy entristecido—. Me he quedado solo en el mundo. Mis padres han muerto y no tengo ni caballos ni ovejas, ni siquiera un techo en el que cobijarme. ¡No tengo nada!

13   —Lo siento —contestó Nasan apenado por lo que escuchaba y sentándose junto a él—. Pero tienes toda la vida por delante, no lo puedes ver todo tan negro.

14   —¿Es que no te das cuenta? ¡No tengo nada! ¡No me queda nada! ¿Cómo viviré a partir de ahora? —exclamó el chico mientras bajaba la cabeza, intentando no romper a llorar delante del anciano.

15   —¿Tú crees que no tienes nada? Pues yo veo que tienes muchos tesoros.

16   El chico levantó la cabeza de repente y miró a Nasan con los ojos abiertos como platos.

17   —¿Es una broma? Anciano, por favor, no te burles de mí —dijo abatido el niño—. ¡No ves que no tengo nada!

18   —No me estoy burlando de ti. Pero te repito que yo veo que tienes muchos tesoros y, si quieres, podemos hacer un trueque.

19   —Pero si no tengo nada que cambiar —repitió Bat—. Y menos un tesoro o algo valioso como un rebaño de ovejas o de caballos.

20   —Pues a ver qué te parece mi propuesta. Yo te doy mi rebaño de ovejas, pero a cambio tú me tienes que dar un ojo —le ofreció Nasan.

21   —¿Mi ojo? ¡No, no! ¿Cómo quieres que cambie mi ojo por un rebaño de ovejas? —se asustó el pequeño.

22   —¿No quieres? —contestó Nasan—. Pues a ver qué te parece esto: si me das tus brazos, yo te entregaré una manada de camellos. Me parece un buen cambio, ¿no?

23   —¿Mis brazos? ¿Qué dices? ¡No me interesa en absoluto! —protestó Bat muy confundido.

24   Pero Nasan no se rindió y siguió hablando:

25   —Pues entonces podemos cambiar mi tienda y todo el oro que hay en ella por una de tus piernas.

26   —¡Estás loco! ¿Cómo quieres que te dé una de mis piernas? ¡No cambiaría mi pierna por nada del mundo! —exclamó Bat, que cada vez estaba más alterado.

27   Nasan se puso la mano en la barbilla y siguió preguntando.

28   —¿No? ¿Y si me vendieras un brazo, una pierna y un ojo, el lote completo? Por todo eso te daría mis caballos, mis ovejas, mis camellos, la tienda y toda la plata y el oro que poseo. ¿Aceptas? —insistió Nasan.

29   —¡No, no! ¡Ni por todo el oro, caballos o camellos del mundo! —fue la respuesta exaltada de Bat.

30   Entonces Nasan se levantó y se echó a reír a grandes carcajadas.

31   —¿Lo ves? Tú mismo lo dices. Aunque me digas que no tienes nada, cuando te ofrezco comprarte algo que es tuyo, me contestas que ni por todos mis animales ni por todo el oro del mundo. ¿Te das cuenta? ¡Es mucho más valioso lo que tienes que todas mis posesiones y dinero!

32   Bat se irguió de pronto al escuchar al anciano y comenzó a reflexionar sobre lo que acababa de escuchar. Después de un silencio, Nasan habló muy serio de nuevo:

33   —Tus tesoros son la salud, la fortaleza y la juventud. ¿No lo ves? ¡Tú mismo eres tu tesoro! Y si en lugar de estar aquí lamentándote, haces uso de tu cabeza, tus brazos y tus piernas, podrás conseguir lo que te propongas.

34   Bat no pudo más que sonreír sintiendo cómo su corazón se abría en su pecho como si se hubiera liberado de una soga.

35   —Tienes razón. He sido un necio —reconoció Bat.

36   —Solo necesitabas que alguien te ayudara a abrir los ojos.

37   —Y es lo que has hecho tú. Muchas gracias.

38   —No hace falta que me des las gracias —dijo Nasan alegremente—. Pero ¿quieres ayudarme a recoger la manada de caballos? —Nasan se subió al caballo y tendió una mano al chico—. Después comeremos. ¡Tengo un *aarul* delicioso, ya verás!

39   Y después de ayudar a Bat a subir a la grupa del caballo, se alejaron juntos cabalgando a través de la gran estepa de Mongolia.

Esta es una de las leyendas de Mongolia, un país de Asia sin acceso al mar que limita al Norte con Rusia y al Sur con China. Una parte de su población es nómada y seminómada, personas que van de un lugar a otro sin una residencia permanente. También es un extenso país de llanuras donde el caballo es una pieza esencial de su cultura. La raza equina de los takhis, cuya palabra significa "espíritu" en mongol, es la única especie emparentada con los primeros caballos que existieron en el mundo.

Texto informativo: Estudios sociales

Mary McCleod Bethune

Daytona Beach, Florida, 1920

1   El corazón de Mary McCleod Bethune latía. Ochenta miembros del Ku Klux Klan habían llegado a su escuela para niñas afroamericanas. Bethune aprovechaba las clases nocturnas para enseñar a hombres y mujeres afroamericanos cómo votar. El Klan amenazó con quemar el edificio si Bethune no dejaba las clases. Ella se negó y la tensión aumentó.

2   Bethune había trabajado en la escuela con muchísima pasión, tomando materiales prestados y pidiendo a negocios locales que le regalaran cajas de madera y de cartón para usarlas como escritorios y sillas. Obtuvo apoyo de la comunidad afroamericana y de la blanca.

3   Ella sabía que una buena educación era clave para mejorar la vida de los demás, como lo había sido para ella. Hija de antiguos esclavos, a través de la educación había dejado de recolectar algodón en Carolina del Sur para convertirse en una maestra respetada. Alguna vez dijo: "El mundo enteró se abrió ante mí cuando aprendí a leer".

4   A Bethune la hizo muy feliz que en 1920 las mujeres ganaran el derecho a votar. Como resultado, Bethune encabezó una campaña para que mujeres y hombres afroamericanos se registraran como votantes. Para ponerles las cosas más difíciles, las autoridades pidieron que antes de votar pasaran un examen de conocimientos. Bethune se ofreció a darles clases de lectura por la noche y así ayudarles a aprobar el examen.

5   Pero el Ku Klux Klan, decidido a evitar que los afroamericanos votaran, amenazó con quemar la escuela. Bethune permaneció de pie toda la noche para defenderla, pero el Klan, sorprendentemente, se retiró sin causar daños.

6   Al día siguiente, Bethune, triunfante, encabezó cien votantes afroamericanos primerizos hacia las urnas. Con el tiempo, su escuela se fusionó con una universidad para varones y hoy es la Universidad Bethune-Cookman.

DesarrollaPiensaEscribe

Ampliar los conocimientos

Identifica en "El mayor tesoro" algunos de los rasgos característicos de Nasan y Bat, y anota brevemente sus similitudes y diferencias.

Rasgos característicos		
	Nasan	**Bat**
Rasgo 1		
Rasgo 2		
Rasgo 3		
Anota brevemente las diferencias y las similitudes clave entre el anciano y el niño.		

Piensa

¿De qué manera otras personas pueden inspirarnos y ayudarnos a cambiar?

Basándote en los textos de esta semana, anota las ideas y preguntas nuevas que tengas acerca de la pregunta esencial.

_____

_____

_____

_____

_____

_____

Escribir basándote en las fuentes

Texto informativo/explicativo

Después de leer "El mayor tesoro", escribe un ensayo informativo donde expliques el problema que enfrenta Bat y describe las consecuencias posibles de su actitud. Usa fragmentos de "El mayor tesoro" para ayudarte a escribir el ensayo.

El botón dorado

Susana Tejedor

1   Todos en la ciudad conocían *la montaña verde*. Aquel edificio de color aceituna emergía al final de la calle principal sobre el resto de viviendas, grises y desconchadas. En semejante colmena de hormigón, pocos intuían que se escondía un amplio patio e innumerables pasillos que comunicaban cada puerta. Y, entre ellas, tantas cuerdas de tender que sostendrían a un elefante si cayera del cielo. Por los corredores rodaban mi bicicleta y las de mis amigos esquivando las sillas que los vecinos sacaban de la casa para tener la mejor vista de lo que allí sucediera. Y quien no se acomodaba en el exterior miraba tras la ventana.

2   Por eso, cuando llegó aquella muchacha con su baúl para instalarse en uno de los departamentos, la noticia corrió como la pólvora, casi tan veloz como mi bicicleta.

3   —¿La han visto? ¡Qué aires se da! —dijo doña Laura.

4   El único aire que yo percibía entonces era el de la calle cuando abrían el portón, que en invierno era como una cachetada, pero todos asentían con la cabeza muy convencidos de lo mismo.

5   Ella, al vernos a todos arremolinados en el patio, se acercó al grupo de niños que andábamos por la escalera y nos preguntó si podíamos ayudarla a subir el baúl.

6   —Les daré una buena propina —nos dijo sonriente.

7   Aunque yo sonreí también, mis amigos se apartaron con desconfianza. Los miré avergonzado y di un paso atrás, mientras a mi espalda todos murmuraban.

8   —Ahí dentro lleva el dinero —oí que comentaba don José Alfredo.

9   —Y mira qué zapatos de salón, se le malograrán seguro con los adoquines de la calle —le contestó doña Sarita.

10   —Pero si tendrá muchos pares, mujer...

11   Vimos cómo arrastraba su equipaje por los peldaños de la escalera sin que nadie colaborara en la faena. Los mechones de su pelo negro ondeaban sobre su cara sonrojada. En el baúl alguien vio una marca grabada, tal vez un sello ribeteado, y enseguida comunicó al resto que reconocía el escudo de un marqués. Y como nadie le preguntó el nombre, la apodaron *la Marquesita*.

12   La muchacha vivía en la puerta de al lado de mi casa y, cuando yo llegaba del colegio, nos cruzábamos en el pasillo. Siempre la vi con su abrigo oscuro, una pieza que brillaba al cuello y los zapatos de salón. Y siempre me sonreía.

13   —Ya se va de fiesta. Todos los días lo mismo —iban comentando en el patio mientras pelaban papas.

14   —Y menuda joya lleva en el cuello. Oro macizo es.

15   *La Marquesita* volvía de madrugada y quienes andaban desvelados mirando tras la cortina aseguraban que se tambaleaba y luego pasaba toda la mañana en la cama.

16   —¡Marquesa tenía que ser! —exclamó alguien desde una baranda.

17   Don Héctor, que estaba en el patio paleando carbón, aportó nuevos detalles:

18   —Al amanecer vi cómo calentaba agua en la cocina y la subía en una palangana.

19 —Se da baños en los pies después de tanto baile —explicó Rita al otro lado del pasillo mientras hacía bailar el trapeador.

20 Y así hablaban y hablaban, hasta que una de las tardes que me vio, *la Marquesita* se paró y me preguntó cómo me llamaba. Su voz era dulce, pero sus ojos los velaba una nube triste. En el instante que iba a contestar, el puño de mi madre golpeó el cristal de la ventana como si lloviera granizo, dejándome claro que debía entrar en casa.

21   —¿Por qué no hablamos con la vecina nueva? —le pregunté cuando ella se hubo marchado.

22   —No sé, hijo. Dicen que no es como nosotros. Es una extraña que se pasa las noches divirtiéndose, el día durmiendo como una holgazana y esconde mucho dinero que podría ayudar al vecindario.

23   —Más le valdría marcharse, que aquí no se le ha perdido nada —gruñó La Paca, que casualmente pasaba por la ventana con un cesto de ropa.

24   Cuando *la Marquesita* volvió a encontrarme otra tarde, le dije que no podía hablar con ella.

25   —¿Y eso por qué?

26   —Porque eres una rica holgazana que no comparte su fortuna y se pasa la noche bailando.

27   —¿Lo sabes tú?

28   —Lo dice la gente.

29   —¿Y tú crees todo lo que dice la gente?

30   Esta vez *la Marquesita* no sonrió y miró al patio, donde algunos vecinos la vigilaban de refilón muy atareados zurciendo.

31   Por la noche no pude dormir y afiné el oído, esperando. Era cierto que volvió bien entrada la madrugada y cojeaba. Cuando llegó, escuché con nitidez los tacones de sus zapatos y la llave chocando con la cerradura. Una y otra vez, golpecitos y silencio. Pero la puerta no se abrió.

32   Salí de la cama descalzo y el suelo frío me sobresaltó. Dando brincos, me asomé:

33   —Te han puesto un chicle en la cerradura para que no puedas entrar —la advertí.

34   Ella se desplomó junto a la puerta y se quitó los zapatos. También era verdad que sus pies se veían hinchados y enrojecidos.

35   —¿Es de tanto bailar?

36   Ella soltó una carcajada desvaída.

37   —No bailo, pero me encantaría.

38   —Hueles a perfume.

39   —Trabajo en el guardarropa de un salón de baile hasta muy tarde. Luego ayudo a recoger las mesas.

40   —¿Y qué es eso qué brilla en tu cuello?

41   *La Marquesita* se agarró el colgante del cuello y me mostró un botón dorado.

42   —Es de mi padre. Siempre llevo conmigo el viejo baúl que le regaló un noble y el botón de su chaqueta de servicio.

43   Desperté a mi madre exaltado y le conté la realidad de *la Marquesita*. Tardó en desperezarse y sacudirse el susto de verme en la oscuridad hablándole casi sin pausa. Luego se puso la bata y salió a verla. No me dijo ni palabra, así que yo crucé los dedos para que no estuviera muy enojada. Si acaso, solo un poco dormida.

44   Aquella noche la chica durmió en nuestra casa. Cuando se despertó, en la mesa había un humeante tazón de caldo y un panecillo recién hecho. Yo mismo me encargué de calentar agua para que aliviara sus pies después de tantas horas entre abrigos perfumados y bailes de salón.

45   Cuando de mañana mi madre puso un pie en el pasillo que daba al patio para tender, nos llegó una voz desde abajo:

46   —Juana, ¿cómo metes a una extraña en tu casa, si ni la conoces?

47   —Para eso será, para conocerla —contestó mi madre—, que los de aquí ya nos conocemos todos.

48   Eso les dijo y luego me guiñó un ojo.

Ficción realista

De excursión por la Montaña del Abuelo

1   Subía pesadamente por la montaña, delante de mi padre. Como contratista, él había estado trabajando arduamente durante el verano; incluso los fines de semana con frecuencia estaba en el trabajo. Al principio no me había importado, pero la centésima vez que lo oí decirme que estaba muy ocupado para jugar béisbol conmigo, gruñí:

    —Bien —y salí molesto dando zapatazos.

2   Supongo que sintió remordimiento, pues el sábado me dijo que iríamos de excursión. Desafortunadamente, yo tenía planeado jugar basquetbol con amigos, pero mi papá insistió. Así que terminamos escalando la Montaña del Abuelo en Carolina del Norte.

3   La primera parte del sendero fue sencillo, pero se tornó complicado de un momento a otro. La pendiente era tan inclinada en algunos puntos que teníamos que ascender por escalones de madera insertados en la superficie rocosa.

4   De pronto, un relámpago iluminó el cielo, seguido del rugido de un trueno. Encima de nosotros, una nube comenzó a descargar lluvia y a oscurecer el sendero. Mi instinto me llevó a esconderme bajo un árbol, pero mi papá recordó que el peor lugar para buscar refugio en una tormenta es un árbol u objetos altos y aislados.

5   Rápidamente, extrajo de su mochila dos chaquetas de nailon con capucha y me lanzó una. Después de ponérnoslas, caminamos deprisa montaña abajo hacia una cueva natural que mi papá había visto en nuestro camino cuesta arriba. Una vez protegidos, mi papá sacó una botella de agua y una manzana para cada uno. Nos sentamos de piernas cruzadas sobre el suelo de tierra y atacamos amigablemente nuestro refrigerio.

6   Mi papá me dirigió una sonrisa triste:

    —Justo en este momento, daría lo que fuera por una hamburguesa.

7   Le devolví la sonrisa recordando cuán divertido era pasar tiempo en compañía de mi papá.

    —Yo también, pero esta manzana no es un mal sustituto.

DesarrollaPiensaEscribe

Ampliar los conocimientos

Anota tus ideas sobre el personaje de *la Marquesita* de "El botón dorado" y cómo se comportan los vecinos.

"El botón dorado"	
1) Describe el comportamiento de los vecinos.	**2) Identifica los sucesos clave del texto.**
3) ¿Qué hace que Juana, la madre del niño, cambie de actitud ante 'la Marquesita'?	**4) ¿Cómo se manifiesta ese cambio en Juana?**

Piensa

¿De qué manera otras personas pueden inspirarnos y ayudarnos a cambiar?

Basándote en los textos de esta semana, anota las ideas y preguntas nuevas que tengas acerca de la pregunta esencial.

_____

_____

_____

_____

_____

_____

Escribir basándote en las fuentes

Argumento

En "El botón dorado" se habla de las apariencias. Escribe un ensayo sobre qué consecuencias tiene juzgar cosas o personas según lo que parecen y no según lo que son.

Pautas para la investigación/ utilizar hechos y detalles

▶ **Después de leer "El mayor tesoro", escribe un ensayo informativo donde expliques cómo Nasan hace que Bat vea lo afortunado que aún es.**

En la tabla escribe algunos detalles que necesites para tu ensayo y, en la columna derecha, escribe por qué son importantes para tu ensayo informativo/explicativo.

Detalles	Por qué es importante...
"Mis padres han muerto y no tengo ni caballos ni ovejas ni siquiera un techo en el que cobijarme..."	
"¿Tú crees que no tienes nada? Pues yo veo que tienes muchos tesoros".	
"Yo te doy mi rebaño de ovejas, pero a cambio tú me tienes que dar un ojo".	
"Si me das tus brazos, yo te entregaré una manada de camellos".	
"Tus tesoros son la salud, la fortaleza y la juventud. ¿No lo ves?"	

Cognados

tesoro

animales

roca

insistir

¿Conoces otros cognados?

Haz una frase con cada cognado de la tabla y con otros que conozcas.

Usar hechos y detalles del texto para apoyar tu ensayo informativo/explicativo

Hechos y detalles del texto	Lo que uso para apoyar mi ensayo

Entre compañeros

• En la página _____ del texto dice que _____.

• Creo que es importante porque _____.

• Esta información apoya mi ensayo informativo/explicativo sobre _____.

Planificar el resumen de un texto

Organizar ideas

Resumen 1: ¿Crees que Nasan aprecia la vida?	Resumen 2: ¿Qué hace Nasan para que Bat también aprecie su vida?

Entre compañeros

- Mi idea principal para el Resumen 2 _____.

- Los hechos y detalles que apoyan mi idea _____.

- Mi conclusión es que _____.

Palabras para la transición de ideas

Para indicar...	Usa estas palabras...
Ejemplos	por ejemplo, tal y como, es decir
Causa y efecto	por esta razón, por eso, por lo tanto, como resultado, por esa causa
Secuencia	antes, después, más tarde, luego, al principio, durante, al final
Concluir	por último, en resumidas cuentas, en conclusión, en fin, al final, finalmente

Entre compañeros

- Voy a usar las palabras _____ para explicar _____ de la siguiente manera: _____.

Ampliar el vocabulario académico

Vocabulario específico del tema

Las palabras de la tabla aparecen en "El mayor tesoro". Escribe sus definiciones y una oración de ejemplo. Si es posible, intenta utilizarlas en tu ensayo informativo.

Palabra	Definición – ejemplo
estepa	
paraje	
grupa	
lote	
absoluto	
abatido	
trueque	

Entre compañeros

• *Para mí la palabra _____ quiere decir _____.*

• *Por ejemplo, _____.*

Diptongos

Un diptongo es la unión de dos vocales en la misma sílaba. Los diptongos pueden ayudarte a pronunciar las palabras. Mira la tabla y haz una lista con diptongos que encuentres en "El mayor tesoro".

Diptongos de "El mayor tesoro"			
-ia	-ie	-ue	-ui/-ua

Entre compañeros

Construye 3 oraciones usando palabras con diptongos de "El mayor tesoro".

Utilizar las normas del español

Pronombres indefinidos

Humanos	Inanimados
Hay <u>alguien</u> en la casa.	Ahí adentro hay <u>algo</u>.
<u>Nadie</u> vino a la fiesta.	Te equivocas, no hay <u>nada</u>.

Entre compañeros

Escribe tu propia oración y compártela con tu compañero.

• *Gracias, no quiero _____.*

• *¿Hay _____ aquí que se llame Pedro?*

_____ *le dijo la verdad.*

Banco de palabras

nadie

nada

alguien

¡Tu turno!

1. Usa el pronombre personal, posesivo o demostrativo correcto. Usa mayúscula cuando corresponda.

2. Encierra en un círculo rojo el pronombre personal, en un círculo verde el posesivo y en un círculo azul el demostrativo.

_____ comida es mi favorita.	**este, esta, mía, ella**
_____ auto es fantástico.	**suyo, ella, nosotros, ese**
_____ casa no está muy lejos. ¿Y la _____?	**mío, mi, suyo, tuya**
María y Juan son simpáticos. _____ son novios.	**ellas, mis, ellos, tú**
_____ mañana se levantó sin prisa.	**esas, él, aquella, mías**
Los zapatos rojos son _____.	**ellos, tuyos, él, este**

Apoyo para la conversación colaborativa

Pautas de conversación

Expresa ideas y opiniones

Cuando leí _____, esto me hizo pensar que _____.

Teniendo en cuenta la información de _____, mi [opinión/idea] es _____.

Mientras [escuché/leí/miré] _____, se me ocurrió que _____.

Fue importante que _____.

Toma la palabra

Me gustaría añadir un comentario. _____.

Disculpa por interrumpir, pero _____.

Eso me hace pensar que _____.

Amplía la idea u opinión de un compañero

Ese es un punto interesante. Se me ocurre que _____.

Si _____, entonces tal vez _____.

[Nombre] dijo _____. Eso puede significar que _____.

Expresa acuerdo con la idea de un compañero

Estoy de acuerdo en que _____ porque _____.

También siento que _____ porque _____.

[Nombre] hizo el comentario de que _____, y yo pienso que es importante porque _____.

Expresa desacuerdo mostrando respeto

Entiendo tu punto de vista de que _____, pero, en mi opinión, _____ porque _____.

Esa es una idea interesante, pero ¿tuviste en cuenta el hecho de que _____?

No estoy de acuerdo con que _____. Creo que _____ porque _____.

Haz una pregunta aclaratoria

Dijiste _____. ¿Puedes explicar lo que quieres decir con eso?

No entiendo cómo tu evidencia apoya esa conclusión. ¿Puedes añadir algo más?

No estoy seguro de entenderte. ¿Estás diciendo que _____?

Aclara para los demás

Cuando dije _____, lo que quise decir fue que _____.

Llegué a mi conclusión porque _____.

Roles del grupo

Director de debate:
Tu rol es guiar la conversación del grupo. Pide a tus compañeros que expliquen y apoyen sus respuestas.

Redactor:
Tu trabajo es anotar las ideas del grupo y los puntos de conversación importantes.

Responsable del resumen:
En este rol, volverás a exponer los comentarios del grupo y las conclusiones. Comprueba con el grupo que esto refleja fielmente sus ideas.

Conector:
En este rol, buscarás conexiones entre las conversaciones del grupo y las ideas de las que has hablado en clase o sucesos que han ocurrido en el mundo real.

Presentador:
Tu rol es proporcionar a la clase una visión de conjunto de las discusiones del grupo.

Moderador:
Controlarás el tiempo y ayudarás a tus compañeros a seguir con la tarea.

Qué significa cada palabra

Palabra	Mi definición	Mi oración
ira (p. 8)		
traicionó (p. 4)		
desafío (p. 6)		
discriminación (p. 4)		
estepa (p. 18)		
nitidez (p. 27)		
desperezarse (p. 28)		
manipula (p. 6)		
asentían (p. 23)		
zurciendo (p. 27)		

Ampliar los conocimientos a través de 10 temas relacionados

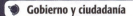

Gobierno y ciudadanía

Más allá de la democracia

Personajes

Personajes en las encrucijadas

Biociencias

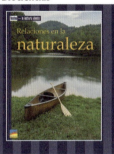
Relaciones en la naturaleza

Puntos de vista

La perspectiva del lector

Tecnología y sociedad

Tecnología para el siglo XXI

Temas

Travesías legendarias

Historia y cultura

Los logros de las grandes culturas antiguas

Ciencias de la Tierra

Explorar las estructuras de la Tierra

Economía

Expansión económica

Ciencias físicas

Comprender nuestros recursos energéticos

Grado 6 • Unidad 2

ISBN-13: 978-1-5021-6805-4

9 781502 168054

Benchmark UNIVERSE.COM™
BENCHMARK EDUCATION COMPANY